CHARLES-MAURICE DE TALLEYRAND-PÉRIGORD

De diplomatieke kunst van de kreupele duivel

50MINUTES.com

CHARLES-MAURICE DE TALLEYRAND-PÉRIGORD

De diplomatieke kunst van de kreupele duivel

geschreven door Romain Parmentier
vertaald door Nikki Claes

50MINUTES.com

CHARLES-MAURICE DE TALLEYRAND-PÉRIGORD

INLEIDING

Charles-Maurice de Talleyrand-Périgord wordt beschuldigd van alle ondeugden en een duivel genoemd, corrupt, verrader of bekritiseerd om zijn cynisme. Hij overleefde niet minder dan acht verschillende politieke regimes, van de absolute monarchie van het Ancien Régime tot de julimonarchie, en het enige doel van deze briljante diplomaat tijdens zijn leven was de glorie van Frankrijk, waarbij hij niet aarzelde om iedereen te verraden die hem ooit steunde om zijn doel te bereiken.

Maar niets heeft deze getalenteerde man voorbestemd voor zo'n epos. Geboren met een voethandicap, was de jonge Talleyrand meer gericht op een kerkelijke dan op een politieke carrière. Gretig om zijn toestand te veranderen, nam hij toch de eerste gelegenheid te baat om zijn eigen lot te bepalen. In 1789 sloot hij zich aan bij de revolutionairen en klom op de ladder van de macht. Hij greep kansen en verbond zich met de invloedrijke mensen van zijn tijd. Onderweg ontdekte hij de heldendaden van de jonge Napoleon Bonaparte, wiens potentieel hij zag. Zo nam hij deel aan de staatsgreep van 18 Brumaire An VIII (9 november 1799) die Napoleon aan het hoofd van het land plaatste. Samen slaagden de twee mannen erin Frankrijk de grandeur van een rijk te geven.

Maar wie hij ook diende, Talleyrand bleef zijn leven lang onafhankelijk en hield vast aan zijn eigen ideeën: gematigdheid, evenwicht tussen de Europese machten en geduld waren zijn parolen. Hij wist al zijn gesprekspartners vakkundig te manipuleren. Zowel in het licht als in de schaduw handelend, beïnvloedde hij eigenhandig de politiek van Frankrijk en Europa in een tijd waarin allerlei omwentelingen mogelijk waren.

KERNGEGEVENS

- **Geboren?** 2 februari 1754 in Parijs.
- **Gestorven?** Op 17 mei 1838 in dezelfde stad.
- **Belangrijke bijdragen?**
    - De Verklaring van de Rechten van de Mens en de Burger (1789).
    - De burgerlijke grondwet van de geestelijkheid (1790).
    - De eerste Franse grondwet (1791).
    - De opkomst en ondergang van Napoleon Bonaparte (1796-1821).
    - Het Verdrag van Luneville (1801).
    - Het Concordaat (1801).
    - De Vrede van Amiens (1802).
    - Het Verdrag van Presburg (1805).
    - De actieve rol die hij speelde in de Bourbon Restauratie (1814-1815).
    - Het Congres van Wenen (1815).
    - De conferentie van Londen (1830).

BIOGRAFIE

HET VERWAARLOOSDE KIND

Charles-Maurice de Talleyrand-Périgord werd geboren op 2 februari 1754 in Parijs. Hij was de oudste van drie kinderen. Zijn ouders, Charles-Daniel de Talleyrand-Périgord (1734-1788) en Alexandrine de Damas d'Antigny (1728-1809), waren beiden van adel en woonden aan het Hof in Versailles. Hun financiële situatie was niet minder moeilijk, vooral als gevolg van erfenissen die andere takken van de familie bevoordeelden. Vanwege hun positie aan het Hof werd de jonge Charles-Maurice ver van zijn ouders opgevoed. Deze situatie was helemaal niet ongewoon in die tijd, toen adellijke kinderen gewoonlijk aan verpleegsters werden toevertrouwd. Toch klaagt de diplomaat hierover in zijn memoires en benadrukt hij de onverschilligheid en verwaarlozing van zijn ouders tegenover hem. Deze bitterheid dient echter alleen om een handicap te rechtvaardigen die zijn hele leven zou bepalen, namelijk zijn klompvoet.

Hoewel men nu denkt dat het een geboorteafwijking is, zal de diplomaat het altijd voorstellen als een ongeluk veroorzaakt door zijn verpleegster. Het kindermeisje zou hem op vierjarige leeftijd hebben laten vallen en hem niet de nodige zorg hebben gegeven. Talleyrand zag dit altijd als het resultaat van de verlating van zijn ouders. In 1762 ging hij naar het Harcourt College, waar hij werd bespot door de andere kinderen. Maar de gevolgen van zijn klompvoet waren niet alleen zichtbaar in de beschimpingen van zijn klasgenoten. Inderdaad werd de jonge Talleyrand op 16-jarige leeftijd gedwongen het kerkelijke pad te volgen, hoewel hij geen religieuze overtuiging had.

DE KERK IN PLAATS VAN HET LEGER

Charles-Maurice de Talleyrand-Périgord werd uitgesloten van de militaire carrière waartoe hij als oudste zoon was voorbestemd, omdat zijn ouders zijn handicap te groot vonden voor een dergelijke positie. Verworpen uit zijn geboorterecht voor zijn jongere broer Archambaud de Talleyrand-Périgord (1762-1838), werd Charles-Maurice gedwongen tot een kerkelijke carrière. Zo zei hij vele malen: "Het waren mijn voeten die mij tot priester maakten. (geciteerd door de WARESQUIEL (Emmanuel), *Talleyrand : le prince immobile*, Parijs, Fayard, 2003, p. 38) Dit lot, dat allemaal door zijn ouders was uitgestippeld, werd ook sterk beïnvloed door zijn oom Alexandre-Angélique de Talleyrand-Périgord (1736-1821), coadjutor-bisschop van Reims en aartsbisschop vanaf 1777. De jonge Talleyrand nam ontslag en ging in 1770 naar het grootseminarie Saint-Sulpice in Parijs. Hij vertrok vier jaar later na het ontvangen van kleine orders en het verdedigen van een bachelorscriptie.

Vanaf deze datum beklom Talleyrand geleidelijk de kerkelijke carrièreladder met de steun van zijn oom. Intussen leidde hij een promiscue leven dat tegen elke katholieke moraal indruiste, en bezocht hij gokholen wanneer hij de kans kreeg. In 1775 ontving hij zijn eerste grote orders als subdiaken. Daarna werd hij kanunnik van de kathedraal van Reims en commendaris-abt van Saint-Denis in Reims. Uiteindelijk mocht hij van zijn oom afgevaardigde worden op de geestelijkenvergadering van 1775. Deze opgang werd voortgezet toen de jonge abt in 1779, na zijn licentie in de theologie aan de Sorbonne te hebben behaald, op 25-jarige leeftijd tot priester werd gewijd. Datzelfde jaar bood zijn oom hem de post van vicaris-generaal van het bisdom Reims aan.

De toegang tot het priesterschap opende nieuwe deuren voor deze ambitieuze jongeman. In 1780 werd hij benoemd tot algemeen agent van de Franse geestelijkheid. Behalve dat hij toegang kreeg tot de controle over de financiën van de kerk, waarvan hij de immense rijkdom kon zien, stelde deze positie hem in staat een netwerk van invloedrijke persoonlijkheden op te bouwen en kennis op te doen over diplomatie en het beheer van het onroerend goed van de geestelijkheid. De ultieme wijding van deze carrière zonder roeping, Talleyrand verkreeg het bisdom Autun in 1788. Sinds zijn jeugd gedreven door een sterk verlangen naar wraak op een lot dat hij niet had kunnen kiezen, zag hij in deze benoeming het middel om toegang te krijgen tot de politieke macht: de context van die tijd in Frankrijk zou hem gelijk geven.

EEN BRILJANTE POLITIEKE CARRIÈRE

De rampzalige situatie in Frankrijk aan het eind van de 18E EEUW STELDE de bisschop van Autun in staat zijn eerste stappen in de politiek te zetten. Gekozen als afgevaardigde voor de geestelijkheid in de Estates General van 1789, nam hij actief deel aan de revolutie die uitbrak. In het bijzonder stelde hij de nationalisatie van geestelijk eigendom voor, evenals de beëdiging van geestelijken. Hij trad in 1791 af als bisschop en werd het jaar daarop naar Engeland gestuurd om de vrede met Frankrijk te waarborgen. Het begin van de Terreur dwong hem echter tot ballingschap in Londen en vervolgens in de Verenigde Staten, waar hij twee jaar bleef.

In 1796 kreeg hij het ministerie van Buitenlandse Zaken, dat hij bekleedde tot 1807. Bij de val van het Keizerrijk (1814) werd hij hoofd van de voorlopige regering en herstelde hij het gezag van de Bourbons. Hij nam ook deel aan het Congres van Wenen, waarbij hij de internationale status van Frankrijk redde. Talleyrand was voorstander van een constitutionele in plaats van een absolute monarchie, wat hem de minachting opleverde van koningen Lodewijk XVIII (1755-1824) en Karel X (1757-1836). Aan de andere kant waardeerde Louis-Philippe I (1773-1850) hem en bood hem in 1830 de post van minister van Buitenlandse Betrekkingen aan. De diplomaat werd echter liever ambassadeur in Londen, een positie die hij bekleedde tot 1834. Hij verlangde naar een welverdiend pensioen en keerde terug naar Frankrijk, waar hij in 1838 op 84-jarige leeftijd in Parijs overleed..

POLITIEKE, SOCIALE EN ECONOMISCHE CONTEXT

DE FRANSE REVOLUTIE

Bekend als een goede diplomaat, kon Talleyrand ook beweren een man van alle regimes te zijn. Aan het einde van de 18e en het begin van de 19e eeuw kende Frankrijk een opeenvolging van verschillende politieke regimes. Deze periode van instabiliteit werd uitgelokt door de revolutie van 1789, maar was toch het resultaat van verschijnselen die al tientallen jaren aan de gang waren.

Verergerd door de concentratie van privileges binnen de adel en de geestelijkheid, werd de stedelijke burgerij een potentiële revolutionaire kracht na meer dan een halve eeuw van verrijking en de verspreiding van Verlichtingsideeën tegen de tirannie. De bourgeoisie was de echte economische motor van het land, maar was uitgesloten van politiek en staatsbestuur, in tegenstelling tot de adel en de geestelijkheid, die de beste carrières voor zichzelf reserveerden en bovendien vrijgesteld waren van alle belastingen.

Bovendien maakte het absolutistische Frankrijk onder koning Lodewijk XVI (1754-1793) aan het eind van de 18e eeuw al enkele jaren een ernstige agrarische en financiële crisis door. Als gevolg van de toenemende vraag stegen de graanprijzen zonder een overeenkomstige stijging van de lonen, waardoor de koopkracht van de Fransen aanzienlijk afnam. Het tekort aan overheidsfinanciën, verergerd door de deelname aan de Amerikaanse Onafhankelijkheidsoorlog (1775-1782), was constant en de enige mogelijke bron van inkomsten was de invoering van nieuwe belastingen. Het was in deze turbulente context dat Lodewijk XVI zich op 8 augustus 1788 genoodzaakt zag de Estates General bijeen te roepen, het enige orgaan dat in een dergelijke situatie tot belastingheffing kon besluiten. Op 5 mei 1789 werd in Versailles deze laatste geopend, waarvoor 1.139 afgevaardigden waren uitgenodigd (291 voor de geestelijkheid, 270 voor de adel en 578 voor de derde stand, waarvan het aantal voor de gelegenheid was verdubbeld).

Bijeengeroepen met het doel een belastinghervorming op te stellen, gingen de Estates General veel verder dan hun taak. De Derde Stand, die 96% van de bevolking vertegenwoordigt, verwerpt de bevoorrechte status van de twee andere ordes en richt op 17 juni de Nationale Vergadering op. Geconfronteerd met dit eerste revolutionaire gebaar probeerde de koning de Vergadering te ontbinden door haar de toegang tot de vergaderzaal te ontzeggen. In reactie hierop kwamen de afgevaardigden op 20 juni bijeen in de Salle du Jeu de Paume en legden een eed af om niet uit elkaar te gaan voordat zij Frankrijk een grondwet hadden gegeven. Gedwongen om toe te geven, erkende Lodewijk XVI uiteindelijk de Vergadering, waarbij de edelen en de geestelijkheid zich aansloten. Op 9 juli werd de Nationale Vergadering de Grondwetgevende Vergadering, waarmee definitief een einde kwam aan de absolute monarchie. Tegelijkertijd was er onrust voelbaar in de steden van het koninkrijk, vooral in Parijs. Op 14 juli 1789 grepen de Parijzenaars de Bastille, het symbool van de koninklijke willekeur. Maar hoewel de gebeurtenis werd erkend als het hoogtepunt van de revolutie, bracht ze de kroon niet ten val.

BLOEDIGE OVERGANG: VAN DE TERREUR NAAR HET DIRECTORIUM

De Vergadering wilde Frankrijk een grondwet geven, maar ook de orde in het koninkrijk handhaven. Om de spanningen te verminderen schafte zij op 5 augustus 1789 de privileges af en kondigde zij op 26 augustus de Verklaring van de Rechten van de Mens en de Burger af. Tegelijkertijd besloot de Grondwetgevende Vergadering, om de financiën te herstellen, de bezittingen van de geestelijken te nationaliseren, omdat zij van mening was dat deze aan de Natie en niet aan de Kerk toebehoorden. Op 3 september 1791 stemde de Vergadering tenslotte over de eerste Franse grondwet, waarin de scheiding der machten werd vastgelegd. Louis XVI, nu soeverein van de Fransen en niet langer van Frankrijk, werd de eerste constitutionele koning van het land.

De rust was echter van korte duur. In april 1792 kwam Frankrijk in oorlog met Oostenrijk. Verdacht van samenspanning met de vijanden van de natie om de absolute monarchie te herstellen, werd Lodewijk XVI STEEDS vijandiger. Op 10 augustus kwam Parijs onder leiding van Danton (Frans politicus, 1759-1794) in opstand en viel het paleis van Tuileries binnen waar de koninklijke familie verbleef, die haar toevlucht zocht in de Assemblée. Op haar beurt aangevallen, had deze geen andere keuze dan de monarchie af te schaffen. Een nieuwe vergadering, de Conventie genaamd, wordt gekozen en roept de Eerste Republiek uit. In september 1792 begon het EERSTE jaar van het nieuwe regime, met een nieuwe grondwet. Opgesloten in de gevangenis van de Tempel werd Lodewijk XVI wegens verraad ter dood veroordeeld en op 21 januari 1793 geguillotineerd.

Bedwelmd door de oprichting van de Republiek wilden de revolutionairen maar één ding: hun ideeën exporteren en het volk bevrijden van de tirannie. Verontwaardigd over de dood van Louis XVI, zagen de buitenlandse mogendheden dat niet zo. In 1793 werd een eerste coalitie gevormd van Oostenrijk, Pruisen, Engeland, Spanje en Piëmont-Sardinië om de Franse opstandelingen te bestrijden. De grenzen van Frankrijk werden van alle kanten bedreigd en deserties kwamen herhaaldelijk voor. Bedreigd van buitenaf, werd de jonge Republiek ook van binnenuit bedreigd. In maart brak een burgeroorlog uit in de Vendée, gevolgd door de opstand van verschillende departementen tegen Parijs. Geconfronteerd met deze interne en externe gevaren schafte de Conventie alle vrijheden af en verklaarde dat de regering van Frankrijk revolutionair zou zijn totdat de vrede zou terugkeren. Er wordt een uitzonderingsregeling ingesteld: de Terreur.

In maart 1793 werd een revolutionair tribunaal, bijgestaan door een Comité van Algemene Veiligheid, opgericht om jacht te maken op de vijanden van de Revolutie. Tegelijkertijd nam een Comité van Openbare Redding (april 1793), met ijzeren vuist geleid door Robespierre (Frans politicus, 1758-1794), het bestuur van Frankrijk op zich en verkreeg snel alle bevoegdheden. Door deze drie instellingen, die voorzagen in de guillotine, werden tussen de 35.000 en 40.000 Fransen naar het schavot gestuurd. Dit dictatoriale regime werd strenger tot juni 1794 met de wet van 22 Prairial (10 juni), die alle mogelijkheden tot verdediging van de beschuldigden tijdens processen afschafte. De overwinning van Fleurus op 26 juni op de vijandelijke legers bracht toch rust aan de grenzen. De Terreur was niet langer gerechtvaardigd: Robespierre verloor zijn steun. Op 28 juli 1794 werd hij gearresteerd en op zijn beurt geguillotineerd. Er komt een nieuwe conventie, maar die biedt geen antwoord op de bevoorradingsproblemen die het land kent. Op 22 augustus 1795 stelt zij een nieuwe grondwet op, bekend als van het jaar III, waarin het Directorium wordt geïnstalleerd.

Het nieuwe regime, dat een zekere mate van uitvoerende macht herstelt, wordt nu geleid door vijf directeuren. Ze moeten minstens 40 jaar oud zijn en worden elk jaar met 1/5 van de stemmen verlengd. De eerste vijf waren:

- Jean-François Reubell (1747-1807);
- Emmanuel-Joseph Sieyès (1748-1836), die kort na zijn benoeming aftrad en werd vervangen door Lazare Carnot (1753-1823);
- Louis-François Letourneur (1751-1817);
- Louis-Marie de La Revellière-Lépeaux (1753-1824);
- Paul Barras (1755-1829).

De wetgevende macht wordt toevertrouwd aan twee kamers: de Raad van Vijfhonderd, bestaande uit 500 verkozenen ouder dan 30 jaar, die jaarlijks met 1/3 van de stemmen worden vernieuwd, en de Raad van Ouderen, bestaande uit 250 verkozenen ouder dan 40 jaar, die eveneens jaarlijks met 1/3 van de stemmen worden vernieuwd.

Het politieke machtsevenwicht is echter niet gestabiliseerd.

HET CONSULAAT EN HET RIJK

Het Directoire, geplaagd door politieke verdeeldheid, bleek al snel niet in staat Frankrijk te besturen. Verschillende verkiezingen werden vervalst, wat het regime uiteindelijk in diskrediet bracht. In november 1799 probeerde de directeur Emmanuel Joseph Sieyès de Directie omver te werpen. Daartoe sloot hij zich aan bij een jonge Corsicaanse generaal die een zekere populariteit genoot sinds zijn overwinning bij de brug van Arcole in 1796: Napoleon Bonaparte (1769-1821).

De staatsgreep van 18 Brumaire An VIII (9 november 1799) onder leiding van Bonaparte maakte een einde aan de Directie. De generaal dwong de afgevaardigden de wapens op te nemen en vroeg om het opstellen van een nieuwe grondwet. Op 13 december werd de Grondwet van het Jaar VIII voltooid en op 25 december trad deze in werking, waarbij een regime van sterke en autoritaire uitvoerende macht werd ingesteld: het Consulaat. Bonaparte werd Eerste Consul en concentreerde de macht in zijn handen. Twee andere consuls vergezellen hem, maar hebben van hun kant slechts een adviserende stem.

Het consulaat herstelde het imago van Frankrijk. De situatie verbeterde zowel intern als extern door de ondertekening van verschillende vredesakkoorden met buitenlandse mogendheden. Het idee van een levenslang consulaat won toen terrein en op 2 augustus 1802 werd Bonaparte bij een nieuwe grondwet uitgeroepen tot consul voor het leven. Deze positie werd verder versterkt in 1804. Met de terugkeer van de oorlog wilde Frankrijk een sterk en prestigieus regime instellen: op 18 mei 1804 werd Napoleon Bonaparte keizer van de Fransen onder de naam Napoleon I.

Deze bewogen periode veranderde de samenleving ingrijpend door een grotere rationaliteit in het dagelijks leven van de burgers te introduceren. De gebieden werden zo verdeeld in 83 relatief gelijke departementen, en hun aantal nam toe tot 130 op het hoogtepunt van het Rijk. De rechtspraak van het Ancien Régime, met zijn uitzonderingen en privileges, werd afgeschaft voor rationele en egalitaire rechtspraak, die nog steeds van kracht is. Er ontstonden wetboeken, zoals het Burgerlijk Wetboek. De invoering van het metrieke stelsel, identiek in het hele Rijk, gaf aanleiding tot moderne metingen. Uiteindelijk werd de Napoleontische legende met zijn vele overwinningen, maar ook zijn nederlagen, geleidelijk aan in de geschiedenis gegrift. Talleyrand, als diplomaat, droeg hieraan bij, ten goede of ten kwade.

HIGHLIGHTS

ACTEUR VAN DE REVOLUTIE

Op zoek naar wraak op een leven gedicteerd door zijn familie en zijn handicap, kreeg Talleyrand op 2 november 1788 eindelijk de langverwachte kans om op te staan en zich te bewijzen. Ondanks vele bedenkingen over zijn libertijnse levensstijl, die haaks stond op de christelijke moraal, werd hij op 34-jarige leeftijd door koning Lodewijk XVI benoemd tot bisschop van Autun. Dit nieuwe bisschopsambt, waarvoor Talleyrand weinig belangstelling had, gaf hem toegang tot de voorkamer van de macht. De bisschop van Autun was in feite de houder van het presidentschap van de Staten van Bourgondië, en kwam traditioneel in aanmerking voor het aartsbisdom Lyon zodra dat ambt vacant was. De financiële en agrarische crisis die het koninkrijk Frankrijk aan het eind van de 18E EEUW TEISTERDE, BOOD de bisschop een nog grotere kans om zijn lot te veranderen.

Op 8 augustus 1788, door de koning bijeengeroepen voor de maand mei van het volgende jaar, moesten de Staten-Generaal afgevaardigden van de drie orden naar Versailles sturen, waaronder de geestelijkheid waartoe Talleyrand nu behoorde. De jonge bisschop greep deze kans onmiddellijk aan. Op 22 maart 1789 ging hij voor het eerst naar zijn bisdom met het vaste voornemen om tot afgevaardigde voor de kerkelijke orde in zijn regio te worden gekozen. Door zijn contacten te vermenigvuldigen, verkreeg hij zonder moeite de nodige stemmen en vertrok hij op 22 april naar Parijs. De opening van de Estates General op 5 mei betekende het begin van zijn politieke carrière. De bisschop bleef echter voorzichtig en discreet tijdens de eerste weken van de ontmoeting.

Toen hij de opkomst van de Derde Stand waarnam, waarschuwde hij de naasten van de koninklijke familie voor de revolutionaire situatie die aan het ontstaan was. Hij stelde met name voor de Staten-Generaal op te heffen voor een tweekamerstelsel naar Engels model, met een hogerhuis bestaande uit de adel en de geestelijkheid, en een lagerhuis bestaande uit vertegenwoordigers van de Derde Stand. Geconfronteerd met de afwijzing van zijn voorstellen, sloot Talleyrand zich op 26 juni aan bij de Derde Stand, die zich als Nationale Vergadering had gevestigd. Vanaf die datum bleef zijn invloed groeien tot het uitbreken van de Terreur.

De versnelling van de revolutionaire gebeurtenissen gaf Talleyrand steeds meer invloed in de Vergadering. Samen met Mirabeau (Frans politicus, 1749-1791) heeft de bisschop talrijke interventies uitgevoerd om het koninkrijk te hervormen. Op 14 juli 1789 werd hij lid van het redactiecomité van de toekomstige grondwet, waarvan hij een van de ondertekenaars was. Hij deed hetzelfde voor de Verklaring van de Rechten van de Mens en de Burger, waarvan Talleyrand artikel VI opstelde:

> *"De wet is de uitdrukking van de algemene wil. Alle burgers hebben het recht om persoonlijk of*

> *via hun vertegenwoordigers deel te nemen aan de vorming ervan. Het moet voor iedereen hetzelfde zijn, of het nu beschermt of straft. Alle burgers, die in haar ogen gelijk zijn, komen gelijkelijk in aanmerking voor alle waardigheden, plaatsen en openbare functies, naargelang hun bekwaamheid en zonder enig ander onderscheid dan dat van hun deugden en talenten.*

Daarna zette hij zijn carrière voort op het gebied van de economie, want Frankrijk verkeerde nog steeds in grote financiële moeilijkheden. De bisschop van Autun stelde de vergadering voor om de bezittingen van de geestelijken te nationaliseren. Als algemeen agent van de geestelijkheid had Talleyrand in 1780 een inventaris opgemaakt van de bezittingen van de kerk in Frankrijk. Hij was zich dus goed bewust van de immense rijkdom van de Kerk. Zijn voorstel werd breed goedgekeurd door de afgevaardigden van de Derde Stand, maar het was een bom onder de geestelijkheid, die de bisschop beledigde en beschuldigde van verraad. Deze gebeurtenis smeedde het duivelse beeld van Talleyrand, klaar om iedereen te verraden in zijn eigen belang en dat van Frankrijk. Bovendien stelde de bisschop in 1790 voor om de geestelijken in Frankrijk te dwingen een eed af te leggen en hen zo te onderwerpen aan het gezag van de Natie.

Behandeld als een afvallige, behield Talleyrand toch zijn invloed op het verloop van de Revolutie. Op 16 februari 1790 werd hij voorzitter van de Nationale Vergadering. Bij het Fête de la Fédération op 14 juli werd hem gevraagd de mis op te dragen op de Champ-de-Mars in Parijs. Zich ervan bewust dat hij een arme geestelijke was die niet gewend was de mis op te dragen, verklaarde de bisschop aan het altaar aan de markies de La Fayette (Frans politicus en militair, 1757-1834): "In hemelsnaam, laat me niet lachen. (geciteerd door DE WARESQUIEL (Emmanuel), *op. cit.* blz. 140)

Talleyrand, die voldoende invloed had en zijn politieke carrière wilde voortzetten, besloot zijn kerkelijke carrière te beëindigen. Hij nam ontslag uit het bisschopsambt, wat opnieuw de woede van de Kerk wekte, die hem excommuniceerde. De voormalige bisschop voelde ook de wind veranderen in Frankrijk. In 1792 werd hij naar Engeland gestuurd om de neutraliteit van die mogendheid in het conflict tussen Frankrijk en Oostenrijk te waarborgen. Bij zijn terugkeer stortte de val van de Tuilerieën op 10 augustus Frankrijk in de Terreur. Zich bewust van het gevaar, kiest Talleyrand voor een vermomde ballingschap en vertrekt op 10 september naar Engeland.

VAN STEUN AAN DE KLEINE CORSICAANSE GENERAAL TOT DE STAATSGREEP...

Te midden van de politieke instabiliteit was het gevaar dat Talleyrand zag reëel. De opening van het ijzeren kabinet van Louis XVI, enkele weken na zijn vertrek, bracht de collusie van de voormalige bisschop met de monarchie aan het licht. Voor de jonge Republiek was dit verraad. De Conventie klaagde Talleyrand aan en zette hem begin 1793 op de lijst van emigranten. Voorlopig bleef hij als vluchteling in Engeland, waar hij nieuwe contacten opdeed. Zijn aanwezigheid stoort echter de Engelse autoriteiten die zich voorbereiden op een oorlog tegen Frankrijk. Gedwongen om het eiland te verlaten en niet naar huis terug te keren, vertrok Talleyrand in maart 1794 naar de Verenigde Staten. Hij bleef er twee jaar en speculeerde in onroerend goed, wat hem rijk maakte, maar hij wilde alleen maar terugkeren naar Frankrijk.

De val van Robespierre in juli 1794 gaf de balling hoop: hij hoopte, terecht, dat de Terreur met haar belangrijkste vaandeldrager zou verdwijnen. Maar voordat hij kon terugkeren, moest hij de aanklachten tegen hem laten vallen. Talleyrand vertrouwde op zijn bondgenoten, waarvan de beroemdste Mme de Staël (Franse letterkundige, 1766-1817) was, die voor hem pleitte. In september 1795 won Talleyrand zijn zaak en mocht hij terugkeren naar Frankrijk. Hij wachtte echter tot september van het volgende jaar met zijn terugkeer en observeerde het begin van het Directorium van verre. Talleyrand was zich ervan bewust dat het nieuwe regime precair was, maar het kon dienen als springplank voor iets anders.

Bij zijn terugkeer in Frankrijk ontmoette de voormalige bisschop van Autun Paul de Barras, die gedurende het hele Directoire-regime directeur was. Onder de indruk van Talleyrand benoemde Barras hem in juli 1797 tot minister van Buitenlandse Zaken. Deze toestemming was vooral een gelegenheid voor Talleyrand om zijn invloed te vergroten en vooral veel geld te verzamelen door talrijke steekpenningen te eisen. Dit proces werd echter bijna een ramp, omdat het de betrekkingen tussen Frankrijk en de Verenigde Staten verslechterde in de beroemde XYZ-affaire.

De zaak XYZ

De affaire XYZ deed zich voor op een moment dat de betrekkingen tussen Frankrijk en de Verenigde Staten al enkele jaren verslechterden. In 1794 tekenden de Verenigde Staten een handelsverdrag met Engeland dat niet op prijs werd gesteld door Frankrijk, een Amerikaanse bondgenoot tijdens de Onafhankelijkheidsoorlog. Een echte zeeoorlog tussen de twee landen begon toen. Tot 1800 werden niet minder dan 800 Amerikaanse schepen geënterd door Franse kapers. Om de neutraliteit te herstellen werden drie Amerikaanse afgezanten naar Parijs gestuurd en ontvangen door drie familieleden van Talleyrand, die later X, Y en Z werden genoemd. Deze probeerde belangrijke concessies en steekpenningen te verkrijgen, wat een schandaal veroorzaakte. Deze diplomatieke crisis escaleerde en een oorlog werd ternauwernood afgewend door Talleyrand. In 1800 maakte het Verdrag van Mortefontaine definitief een einde aan het conflict.

Zijn positie als minister stelde Talleyrand in staat een ambitieuze generaal te ontmoeten, al in de gloed van glorie na zijn overwinning op de brug van Arcole tegen de Oostenrijkers in 1796, en dat was niemand minder dan Napoleon Bonaparte. Zodra hij zijn ambt aanvaardde, begon Talleyrand een briefwisseling met de generaal, waarbij hij hem vleide en feliciteerde met zijn heldendaden. De verleiding werkte zo goed dat Bonaparte in december 1797 niet eerder uit Italië was teruggekeerd dan dat hij vroeg hem te ontmoeten. Hoewel de twee zeer verschillende karakters hadden, bleken zij elkaar toch aan te vullen. De minister meet dus alle mogelijkheden van de Corsicaanse generaal die oproept tot een versterking van de uitvoerende macht in Frankrijk en een hervorming van de grondwet. Maar voorlopig is het nog te vroeg. Daarom moedigt Talleyrand de Egyptische expeditie aan die Bonaparte in 1798 wil leiden. Ook al bracht de expeditie niet de verwachte resultaten, behalve in wetenschappelijk opzicht, ze bleef de populariteit van de generaal vergroten, die bij zijn terugkeer in augustus 1799 werd toegejuicht.

Ondertussen manoeuvreerde Talleyrand vakkundig in de schaduw om het Directoire omver te werpen, waarbij hij zich aansloot bij Emmanuel Joseph Sieyès. Op 13 juli 1799 nam hij ontslag als minister. Zijn handen waren nu vrij en met de terugkeer van Bonaparte kon de machinerie van een staatsgreep in gang worden gezet. Gedurende enkele weken hield Talleyrand een reeks vergaderingen en verzamelde hij zijn bondgenoten achter Bonaparte, een zet die toch uiterst riskant was. Geschrokken van wat hij dacht dat een Jacobijns complot was, werden de Raden van Ouderen en Cinq-Cents op 9 november 1799 (18 Brumaire An VIII) overgebracht naar het Château de Saint-Cloud. Tegelijkertijd hebben vier van de vijf bestuurders hun ontslag ingediend. Geconfronteerd met de vacature van de uitvoerende macht, waren de raadsleden nu vrij om een voorlopige regering te benoemen, bestaande uit drie consuls, waaronder Bonaparte. Maar het plan verliep niet volgens plan: de adviseurs riepen samenzwering en noemden Bonaparte een dictator. In een poging de situatie op te lossen, wordt Bonaparte bijna vermoord door een raadslid van de Cinq-Cents. Geconfronteerd met deze ramp had de generaal geen andere keuze dan zijn toevlucht te nemen tot het leger dat hij controleerde. De raadsleden maakten met bajonetten een einde aan het Directorium en stelden het Consulaat in: Napoleon had gewonnen, Talleyrand ook.

EÉN DOEL: DE MACHT CONSOLIDEREN

Het duurde niet lang voordat Talleyrand de vruchten van de coup plukte. Op 22 november 1799 benoemde de eerste consul hem tot minister van buitenlandse betrekkingen, een functie die hij meer dan zeven jaar bekleedde.

Tijdens het hele consulaat was de relatie tussen de minister en de eerste consul op zijn hoogtepunt. In veel opzichten werd Talleyrand de tweede man in de regering. Meer dan een minister, was hij Bonaparte's favoriete adviseur voor allerlei zaken, zowel intern als extern aan de Republiek. Bovendien werkte Talleyrand hard aan de bewaring van de consulaire macht, waarbij het regime geleidelijk evolueerde naar een levenslang consulaat en vervolgens een erfelijk rijk. Het doel was niets minder dan de stabiliteit in Frankrijk te herstellen door een regime in te stellen dat dicht bij de monarchie stond, maar rekening hield met de verworvenheden van de Revolutie.

Om dit te bereiken probeerde Talleyrand allereerst de vreedzame betrekkingen te herstellen en zelfs allianties te creëren tussen Frankrijk en de verschillende Europese landen, maar ook de Verenigde Staten. De jaren 1800, 1801 en 1802 waren dus de bron van talrijke verdragen waarvan de onderhandelingen zo niet geheel, dan toch gedeeltelijk door de minister werden gevoerd. Op 30 september 1800 pacificeerde Frankrijk dus zijn betrekkingen met de Verenigde Staten. Na de overwinning van Marengo in juni 1800 werd ook met Oostenrijk vrede gesloten dankzij het Verdrag van Luneville op 9 februari 1801. De volgende maand werd Frankrijk verzoend met de Twee Siciliën, vervolgens in september met Portugal en in oktober met Rusland. Uiteindelijk maakte het Verdrag van Amiens op 25 maart 1802 een einde aan de rivaliteit tussen de Republiek en Engeland. Hoewel Talleyrand geen ondertekenaar van deze verdragen was, hielp zijn harde werk tijdens de vele onderhandelingen Frankrijk met de wereld te verzoenen, al was het maar voor korte tijd.

Nadat de Republiek het respect buiten haar grenzen had herwonnen, moest zij ook de vrede en stabiliteit binnen haar muren herstellen. Talleyrand en de Eerste Consul waren zich er uiteraard van bewust dat dit niet mogelijk was zonder verzoening met de nationale geestelijkheid en de Kerk van Rome. Alleen religie kon een duurzaam kader bieden voor de samenleving van die tijd. De situatie was echter complex. Sinds 1790 waren de bezittingen van de geestelijkheid genationaliseerd, en werden bisschoppen en priesters onderworpen aan een eed en benoemd door de staat. Om een einde te maken aan dit schisma met Rome, begon Talleyrand namens het Consulaat onderhandelingen met de Heilige Stoel die leidden tot de ondertekening van het Concordaat in juli 1801. De bisdommen van Frankrijk werden gereorganiseerd: de bisschoppen werden voortaan benoemd door het staatshoofd, maar belegd door de paus. Ten slotte werd de seculiere geestelijkheid financieel gesteund door de staat.

Tijdens deze onderhandelingen probeert Talleyrand ook zijn persoonlijke situatie met de paus te regulariseren. De voormalige bisschop, die in 1791 het schisma tussen Rome en Frankrijk had uitgelokt, had veel te vergeven. Na lange onderhandelingen en de tussenkomst van Bonaparte, gaf de paus in juni 1802 eindelijk toe en aanvaardde officieel zijn ontslag: Talleyrand werd eindelijk teruggegeven aan het burgerlijke leven, zonder echter te kunnen trouwen. Met een woordspelletje trouwde de minister in september toch met zijn oude minnares Catherine-Noël Verlée (bekend als Madame Grand, 1762-1834). Tegelijkertijd, in 1803, hielp de eerste consul de minister bij de aankoop van het kasteel van Valençay, waar deze talrijke prachtige ontvangsten gaf.

Nu het sterk was, kon het Consulaat worden omgevormd tot een Rijk. Daarvoor moest de nieuwe dynastie zich ontdoen van de oude, de Bourbons. Deze laatsten waren een echte bedreiging voor Napoleon Bonaparte's macht. Vanaf het begin van zijn consulaat kreeg de generaal te maken met een constant aantal pogingen tot aanvallen door zijn tegenstanders. Deze waren in feite het resultaat van een samenzwering onder leiding van de royalisten om Louis XVIII, de broer van Louis XVI, op de troon te zetten. De proclamatie van de nieuwe koning vereiste de terugkeer naar Frankrijk van een prins van het Huis der Bourbons. Voor Talleyrand kon deze prins alleen Louis Antoine Henri de Bourbon-Condé, Duc d'Enghien (1772-1804) zijn, die zijn toevlucht had gezocht in Ettenheim (Heilige Roomse Rijk), tien kilometer van de Franse grens. De minister overtuigde Bonaparte met klem om de hertog te ontvoeren en te executeren om een definitief einde te maken aan het koningsgezinde complot. Meer een zondebok dan een echte schuldige, werd de hertog ontvoerd op 15 maart 1804. Overgebracht naar Vincennes, werd hij berecht zonder middelen van verdediging en zonder echt bewijs van zijn betrokkenheid bij het complot. Vervolgens werd hij in de nacht van 20 op 21 maart geëxecuteerd. Deze moord verontwaardigde de buitenlandse rechtbanken, maar ook bepaalde notabelen in Frankrijk. Zich bewust van deze fout, distantieerde Talleyrand zich in 1807 van de zaak door alle documenten te verbranden die hem erin konden betrekken.

Voorlopig scheidde een rivier van bloed Napoleon van de Bourbons. Talleyrand had geen moeite de eerste consul te overtuigen de keizerlijke troon te bestijgen: het keizerrijk werd uitgeroepen op 18 mei 1804. Op 2 december werd Napoleon Bonaparte onder de naam Napoleon I tot keizer van de Fransen gekroond: Talleyrands keizerlijke werk was voltooid.

“STRONT IN EEN ZIJDEN KOUS

Nadat hij in juli 1804 grootkamerheer van Napoleon was geworden, zette Talleyrand zijn werk voort als minister van Buitenlandse Zaken. Maar de ambities van de minister en die van de keizer waren niet meer dezelfde. Napoleon, aangemoedigd door zijn positie, was van plan Europa opnieuw te vormen volgens zijn belangen. Deze onverzadigbare honger naar controle over het continent stuitte op opeenvolgende coalities van andere Europese mogendheden. Het continent gaat tien jaar lang de Napoleontische oorlogen in. Talleyrand, die het evenwicht tussen de machten wilde bewaren, bepleitte voortdurend matiging bij de keizer, zonder echt succes.

In 1805 brachten de Oostenrijkse campagne en de overwinning van Austerlitz de keizer glorie: hij kon nu zijn vredesvoorwaarden opleggen. Talleyrand, voorstander van een langdurige alliantie tussen Frankrijk en Oostenrijk, drong er bij Napoleon op aan zijn voorwaarden te matigen. Voor de minister hing de vrede in Europa af van een wankel evenwicht tussen de vier grootmachten Frankrijk, Engeland, Rusland en Oostenrijk, waaraan hij later Pruisen toevoegde. Sinds de Revolutie was Frankrijk in de minderheid tegenover coalities. Talleyrand zag in de overwinning van Austerlitz het middel om het evenwicht te herstellen door Oostenrijk aan de kant van Frankrijk te krijgen. De gevraagde clementie werd niet gevolgd door de keizer, die de voorkeur gaf aan een alliantie met Rusland. Het aan Oostenrijk opgelegde Verdrag van Presburg van 26 december 1805 bleek zeer zwaar te zijn voor de minister die gedwongen werd het te ondertekenen. Oostenrijk, dat verschillende gebieden kwijtraakte, verloor meer dan vier miljoen inwoners en moest Frankrijk een aanzienlijke schadevergoeding betalen. Ten slotte betekende het verdrag ook het einde van het Heilige Roomse Rijk, vervangen door de Rijnbond, waarover Oostenrijk geen macht meer had.

Deze gemiste kans voor Talleyrand was niet zijn enige teleurstelling. In november 1806 spoorde hij Napoleon opnieuw aan tot terughoudendheid. Toch kondigde de keizer de Continentale Blokkade af, die hij de Europese naties oplegde tegen Engelse goederen. De minister en de keizer hadden niet langer hetzelfde doel, maar dat weerhield Napoleon er niet van zijn dienaar te eren. In 1806 schonk hij Talleyrand het vorstendom Benevento, waardoor hij kon genieten van comfortabele huurprijzen. Het jaar daarop, in juli, zegevierde de keizer opnieuw over de coalitietroepen. Verpletterd bij Jena, werd Pruisen uiteengereten door het Verdrag van Tilsit, dat tegelijkertijd de alliantie tussen Frankrijk en Rusland verstevigde. Talleyrand, die het verdrag moest opstellen, was opnieuw teleurgesteld door Napoleons houding. De prins van Benevento wilde zich distantiëren van de keizerlijke visie en nam in augustus 1807 ontslag als minister van Buitenlandse Zaken. Napoleon accepteerde deze terugtrekking en benoemde Talleyrand tot vice-grand-electorvan het Rijk.

Ook al was hij geen minister meer, Talleyrand bleef onmisbaar voor Napoleon en bleef hem bij vele gelegenheden adviseren. In 1808 stelde hij voor dat de keizer zou ingrijpen in Spanje. Maar dit initiatief, gericht op het onttronen van de Bourbons van Spanje, bleek een echte mislukking. In opstand leidde het Spaanse volk een guerrilla tegen de keizerlijke troepen. Zes jaar lang moest Napoleon verschillende legerkorpsen in Spanje houden om daar de orde te handhaven. Talleyrand distantieerde zich snel van deze oorlog en liet zijn documenten met betrekking tot deze interventie vernietigen.

Nadat hij Napoleon tevergeefs had aangespoord zich te matigen, werd de voormalige minister openlijker tegen de keizer en verraadde hem zelfs. Op zoek naar een militaire alliantie met Rusland, organiseerde Napoleon een congres in Erfurt in de herfst van 1808. Talleyrand nam deel aan de reis als adviseur belast met het opstellen van een nieuw verdrag. Bij deze gelegenheid aarzelde hij niet om zich van de keizer af te keren door tsaar Alexander I (1777-1825) te adviseren het bondgenootschap te weigeren. Tegen deze laatste zei hij:

> *"Sire, wat komt u hier doen? Het is aan u om Europa te redden, en dat kan alleen door op te staan tegen Napoleon. Het Franse volk is beschaafd, hun vorst niet; de vorst van Rusland is beschaafd en zijn volk niet; daarom moet de vorst van Rusland de bondgenoot van het Franse volk zijn. De Rijn, de Alpen, de Pyreneeën zijn de verovering van Frankrijk; de rest is de verovering van de Keizer; Frankrijk wil ze niet.*

(geciteerd door DE WARESQUIEL (Emmanuel), *op. cit.* blz. 390)

Het interview in Erfurt was een mislukking voor Napoleon, die niet de steun kreeg waarop hij had gehoopt. Hij was zich echter nooit bewust van het verraad van Talleyrand en had het gevoel dat hij Europa had gered. Deze episode, bekend als het bedrog van Erfurt, versterkt het beeld van de diplomaat als verrader.

Teleurgesteld keerde Napoleon terug naar Spanje. Weken gingen voorbij zonder nieuws van de keizer, zozeer zelfs dat in Parijs, begin januari 1809, velen veronderstelden dat hij dood was. Talleyrand maakte van de gelegenheid gebruik om samen te zweren. Samen met de minister van Politie Joseph Fouché, hertog van Otranto (1759-1820), plande hij eenvoudigweg om Napoleon op te volgen of zelfs te vervangen. Nadat hij van dit complot op de hoogte was gebracht, keerde de keizer op 23 januari met spoed terug naar Parijs. Voor de laatste was het misdrijf van zijn voormalige minister compleet. Vier dagen later, tijdens een vergadering van zijn raad, onteerde Napoleon Talleyrand en ontnam hem zijn titel van Grootkamerheer. Sterker nog, hij beledigde hem meer dan een half uur lang. De woorden van de keizer aan Talleyrand zouden beroemd worden: "Hier, meneer, bent u stront in een zijden kous. (geciteerd door DE WARESQUIEL (Emmanuel), *op. cit.* blz. 400)

FRANKRIJK REDDEN OP HET CONGRES VAN WENEN

Hoewel hij het niet openlijk laat merken, is Talleyrand van streek: hij is ervan overtuigd dat de keizer hem zal laten arresteren en doodschieten. De bedreigingen gaan echter niet verder dan woorden: de man is inderdaad onvervangbaar in de ogen van Napoleon. Tegen alle verwachtingen in bleef hij een van de bevoorrechte adviseurs van de keizer, vooral tijdens diens scheiding en hertrouwen met Marie-Louise van Oostenrijk (1791-1847). De diplomaat bleef echter een complot tegen hem smeden door informatie te verkopen aan de Oostenrijkse autoriteiten. Bovendien raakte Talleyrand steeds verder verwijderd van Napoleon, ondanks diens herhaalde verzoeken om terug te keren naar zijn positie als minister. De mislukking van de Russische campagne in 1812 betekende het begin van het einde van het keizerschap. Wat er daarna gebeurde, zou hem weer gelijk geven.

In 1814 werd een nieuwe coalitie gevormd tegen Napoleon. Aan alle kanten belegerd, werd de keizer gedwongen zich terug te trekken naar zijn landsgrenzen. De Franse campagne eindigde in zijn troonsafstand en verbanning naar Elba. Ondertussen manoeuvreerde Talleyrand handig om te zijn waar hij moest zijn. Op 23 januari 1814 werd hij door de keizer benoemd in de regentenraad, vlak voor de hervatting van de oorlog: het was de laatste keer dat de twee mannen elkaar zagen. In maart, toen de geallieerden in Parijs aankwamen, had Talleyrand de stad onder controle en onderhandelde over een overgave. In plaats van Napoleon af te staan aan zijn zoon, stelde Talleyrand het herstel van de Bourbons voor. De Senaat benoemde hem tot hoofd van de voorlopige regering: de diplomaat bereikte zo de hoogste trede van de macht en begon onmiddellijk met de ontmanteling van het keizerlijke bouwwerk dat hij had helpen opbouwen. Op 1 mei bood Talleyrand de kroon aan Lodewijk XVIII AAN en op 30 mei ondertekende hij het Verdrag van Parijs, waarmee de vrede met de geallieerden werd hersteld en de grenzen van Frankrijk werden teruggebracht tot de veroveringen van 1792.

De ontmanteling van het Napoleontische Rijk was geen eenvoudige zaak. De Europese mogendheden beleggen een congres in Wenen om de verdeling van Europa te organiseren. Talleyrand, die minister van Buitenlandse Zaken was geworden voor Lodewijk XVIII, ging naar Wenen om Frankrijk te vertegenwoordigen. Zijn optreden op het congres is zonder twijfel het belangrijkste uit zijn carrière. Het was niets minder dan het herstellen van het imago van Frankrijk en het verzekeren van een duurzame vrede met zijn buren. Hij maakte handig gebruik van de spanningen tussen de machten om zijn doel te bereiken. Rusland en Pruisen waren dus beperkt in hun territoriale veroveringen. Bovendien bevestigde Frankrijk een tijdlang zijn territoriale verworvenheden van 1792. Maar dit was zonder rekening te houden met de terugkeer van Napoleon.

Op 1 maart 1815 landde hij in Frankrijk om de macht te heroveren. In een land met heimwee naar het Empire, waar de Restauratie een stap terug leek, had hij geen moeite Louis XVIII te verdrijven en het land over te nemen. De manoeuvre leidde echter onmiddellijk tot een nieuwe coalitie. Deze Napoleontische opstand, bekend als de Honderd Dagen, eindigde abrupt met de nederlaag bij Waterloo op 18 juni 1815. De diplomatieke schade liet niet lang op zich wachten: Frankrijk werd in diskrediet gebracht. Tijdens de onderhandelingen in Wenen redt Talleyrand wat er te redden valt. Hij kon echter niet voorkomen dat de grenzen van Frankrijk weer werden zoals voor de Revolutie. Talleyrand ondertekende de slotakte van het congres op 9 juni 1815. Vervolgens voegde hij zich bij Lodewijk XVIII, die zijn toevlucht had gezocht in Mons, voordat hij terugkeerde naar Parijs, waar hij voorzitter werd van de Raad van Ministers. Het werk van de diplomaat was nog niet voorbij.

EFFECTEN

FRANKRIJK IN HET CONCERT VAN GROTE MOGENDHEDEN

Als Talleyrand de mannen voor wie hij werkte meer dan eens verraadde, dan was dat omdat zijn enige doel de glorie van Frankrijk was. Deze halsstarrigheid wordt het best geïllustreerd door de resolutie van het Congres van Wenen. Bij zijn aankomst in de Oostenrijkse hoofdstad op 22 september 1814 werd de minister van Buitenlandse Zaken aanvankelijk geïsoleerd en op afstand gehouden. Gedegradeerd tot toeschouwer, zoals Spanje, Portugal en Zweden, keek Frankrijk hulpeloos toe hoe Napoleons overwinnaars de verdeling van Europa organiseerden. Bezorgd over het machtsevenwicht op het continent, wilde de diplomaat niet dat zijn land voortdurend werd uitgesloten. Zo herinnerde hij de geallieerden eraan dat Frankrijk geen vijand meer was: het bewind van Napoleon was voorbij, evenals de oorlog.

Talleyrand deed zich voor als een man die niets meer vroeg dan consideratie voor Frankrijk, maar hij had wel geheime eisen. Het lot van het Koninkrijk Saksen lag hem bijzonder na aan het hart, omdat het in zijn ogen garant stond voor een wankel evenwicht tussen Oostenrijk en een op uitbreiding beluste Pruisen. Op het congres eiste Pruisen echter het kleine koninkrijk als compensatie voor de gebieden die het in Polen verloor. Bovendien wilde de minister de expansie van Rusland, dat een groot deel van Polen had overgenomen, beperken. Maar vooralsnog had Talleyrand beperkte middelen om op te treden. Voordat de kaart van Europa te hertekenen, moest hij de positie van Frankrijk in het concert der grootmachten herstellen.

Gedurende enkele maanden speelde de minister in op ieders zwakheden. Hij benaderde vooral Engeland en Oostenrijk door hen voor zijn zaak te winnen in de kwestie Saksen. Op 3 januari 1815 verkreeg de geniale minister de ondertekening van een alliantieverdrag met Londen en Wenen, dat militaire bijstand van de verdragsluitende partijen verzekerde in geval van agressie door een andere mogendheid. Op informele wijze waarschuwde dit verdrag dus Rusland en Pruisen, maar het maakte vooral een einde aan het isolement van Frankrijk. De manoeuvre was dus succesvol. Op 8 januari werd Talleyrand eindelijk toegelaten om met de andere machten te zitten. De Grote Vijf werden het uiteindelijk eens over de belangrijkste punten van het congres. Op grond van de verwachtingen van de minister behield Saksen het grootste deel van zijn grondgebied en onafhankelijkheid. Polen werd slechts gedeeltelijk een koninkrijk, onder voogdij van de Russische tsaar. In ruil voor deze regelingen kon Talleyrand echter niet voorkomen dat het Koninkrijk der Nederlanden werd opgericht, dat bedoeld was om Frankrijk binnen zijn grenzen te houden, en dat Pruisen zich in het Rijnland vestigde, waardoor het de facto aan Frans grondgebied zou grenzen.

Hoewel de terugkeer van Napoleon in 1815 het imago van het land aantastte, waardoor het verschillende gebieden verloor, slaagde Talleyrand er toch in Frankrijk weer op te nemen in het concert van grote mogendheden. Hij vertrok naar Wenen in een zwakke positie, maar keerde terug als diplomatieke winnaar.

VERZOENING MET ENGELAND

Talleyrand werd bij zijn terugkeer in Frankrijk een tijdlang benoemd tot voorzitter van de Raad van Ministers, maar werd al snel geconfronteerd met zijn politieke tegenstanders, de ultra-royalisten, die een absolute monarchie voorstonden. De liberale minister werd gedwongen af te treden op 19 december 1815. Ter compensatie benoemde koning Lodewijk XVIII hem tot grootkamerheer, een functie die hij al onder Napoleon had vervuld. Hoewel hij lid bleef van de Kamer van Volksvertegenwoordigers, trok Talleyrand zich het grootste deel van het jaar terug in zijn kasteel in Valençay. Afgezien van enkele politieke interventies, met name voor de persvrijheid in 1821, keerde de diplomaat pas in 1830 echt terug naar het bedrijfsleven. Een nieuwe revolutie maakte een einde aan het bewind van Karel X en bracht de hertog van Orléans aan de macht, die Louis-Philippe I werd. Talleyrand, die dicht bij deze laatste stond, werd de post van minister van Buitenlandse Zaken aangeboden. Hij vroeg de nieuwe koning echter hem als ambassadeur naar Engeland te sturen, omdat Frankrijk hem in de ogen van de oude diplomaat in Londen nodig had. Talleyrand wilde de twee landen, die in de loop van de geschiedenis zo vaak met elkaar in conflict waren geweest, met elkaar verzoenen. De Belgische

Revolutie die uitbrak in augustus 1830 gaf hem de kans. Sinds 1815 omvatte het Koninkrijk der Nederlanden de voormalige protestantse Verenigde Provinciën en de voormalige katholieke Oostenrijkse Nederlanden. De onenigheid tussen deze twee groepen leidde tot de Belgische Opstand en op 4 oktober werd het Koninkrijk België onafhankelijk. Deze nieuwe revolutie, die zich zou kunnen verspreiden en het fragiele evenwicht dat op het Congres van Wenen was ingesteld zou kunnen verstoren, baarde de Europese mogendheden zorgen. Vastbesloten om deze crisis op te lossen, openden zij op 4 november in Londen een reeks conferenties.

Talleyrand werd door Louis-Philippe I aangesteld om Frankrijk te vertegenwoordigen. Vanaf het begin was de ambassadeur in overeenstemming met de Britse wensen. Frankrijk en Engeland dringen hun visie op aan de andere mogendheden en pleiten voor een onafhankelijk België. De Britten waren echter gebrand op de neutraliteit van het nieuwe land als garantie voor het behoud van het Europese evenwicht, wat Talleyrand niet beviel omdat het een verdere annexatie van de Belgische gebieden bij Frankrijk verhinderde. Toch werd hij gedwongen deze neutraliteit te accepteren. De oude ambassadeur had zijn land toch dichter bij het buurland aan de overkant van het Kanaal gebracht. Deze verzoening werd bevestigd in april 1834 met de ondertekening van het Verdrag van de Viervoudige Alliantie tussen Frankrijk, Engeland, Spanje en Portugal. Dit was Talleyrand's laatste diplomatieke daad. Op 80-jarige leeftijd keek hij nu uit naar een welverdiend pensioen.

Talleyrand keerde in september 1834 terug naar Frankrijk en stierf vier jaar later, op 17 mei 1838, in Parijs van ouderdom, niet zonder een laatste onderhandeling. De geniale diplomaat die zoveel regimes en een tijd van grote beroering had overleefd, verzoende zich met de Kerk door een akte van berouw op te stellen voor zijn onrecht. De kreupele duivel vindt zo gemoedsrust.

SAMENGEVAT

- Charles-Maurice de Talleyrand-Périgord werd geboren op 2 februari 1754 in Parijs. Hij werd geboren met zijn voet in de mond en werd beroofd van zijn geboorterecht voor zijn jongere broer, en was voorbestemd voor een kerkelijke carrière. Op 16-jarige leeftijd ging hij naar het seminarie van Saint-Sulpice.
- In 1779 tot priester gewijd en in 1788 door koning Lodewijk XVI benoemd tot bisschop van Autun, interesseerde Talleyrand zich weinig voor religieuze zaken en gaf hij de voorkeur aan politiek. De Revolutie van 1789 en de bijeenroeping van de Estates General gaven hem de kans om te schitteren. Gekozen tot afgevaardigde van de geestelijkheid, ging hij in mei 1789 naar Versailles.
- De bisschop van Autun zette zich in voor de Derde Stand en nam actief deel aan het opstellen van de eerste Franse Grondwet en de Verklaring van de Rechten van de Mens en de Burger, waarvan hij artikel VI opstelde. In 1790 pleitte hij ook voor de nationalisatie van geestelijk eigendom en de beëdiging van priesters.
- Na zijn ontslag als bisschop vluchtte Talleyrand voor de Terreur en gaf hij in 1792 de voorkeur aan ballingschap in Engeland en vervolgens in de Verenigde Staten. Hij keerde pas in 1796 terug naar Frankrijk en werd minister van Buitenlandse Zaken onder het

Directorium. Hij was echter overtuigd van het kortstondige karakter van dit regime.

- Zijn positie als minister bracht hem in ieder geval in contact met Napoleon Bonaparte, toen generaal van het Italiaanse leger. Gezien Bonaparte's ambitie zag Talleyrand het als een manier om het Directoire te beëindigen. Toen hij in juli 1799 zijn ambt neerlegde, nam hij actief deel aan de staatsgreep van 18 Brumaire die Bonaparte aan de macht bracht.
- Als minister onder het consulaat probeerde Talleyrand opnieuw de stabiliteit in Frankrijk te herstellen, zowel in het buitenland als binnen zijn grenzen. Zo nam hij deel aan de onderhandelingen van Lunéville (1801), het Concordaat (1801) en Amiens (1802). Ten slotte stelde hij Bonaparte voor zich in 1804 te ontdoen van de hertog van Enghien, waarmee hij de weg vrijmaakte voor een erfelijk rijk.
- Als grote kamerheer van Napoleon kwam de minister echter vanaf het begin van zijn bewind steeds verder van de keizer af te staan. Talleyrand, die gematigdheid voorstond en streefde naar een Europees evenwicht, verzette zich tegen Napoleons veroveringsdrang. Deze dualiteit bracht hem ertoe in 1807 af te treden en een jaar later in Erfurt zelfs de keizer te verraden.
- Het jaar daarop, zonder nieuws over Napoleon die vastzat in Spanje, smeedde Talleyrand samen met Joseph Fouché plannen om de keizer te vervangen. De poging werd echter afgebroken door de terugkeer van Napoleon, die woedend was op zijn voormalige minister, die hij te schande had gemaakt.

- Talleyrand wachtte vervolgens geduldig op het einde van het keizerschap. In 1814, toen de keizer viel, nam hij de controle over Parijs over en onderhandelde over de overgave en het herstel van de Bourbons. Hij vertrok ook om Frankrijk te vertegenwoordigen op het Congres van Wenen, waar hij er vakkundig in slaagde het koninkrijk weer op te nemen in het concert van grote mogendheden.
- Nadat hij in 1815 uit de macht was gezet, werd hij in 1830 ambassadeur in Londen voor koning Louis-Philippe I. Vanaf dat moment nam hij deel aan de toenadering tussen beide naties, met name tijdens de Belgische Revolutie van 1830.
- Hij ging in 1834 met pensioen en stierf op 17 mei 1838 in Parijs.

OM VERDER TE GAAN

BIBLIOGRAFISCHE BRONNEN

BERTAUD (Jean-Paul), *Het consulaat en het rijk. 1799-1815*, Parijs, Armand Colin, 2007.

DE TALLEYRAND-PÉRIGORD (Charles-Maurice), *Mémoire du prince de Talleyrand*, Parijs, Lévy, 1891-1892.

DE WARESQUIEL (Emmanuel), *Talleyrand : le prince immobile*, Parijs, Fayard, 2003.

FERRERO (Guglielmo), *Talleyrand à Vienne 1814-1815*, Parijs, Édition de Fallois, 1996.

JOURDAN (Annie), *L'empire de Napoléon*, Paris Flammarion, 2000.

"La Révolution française", in *Histoire universelle: La Révolution française. Napoleon*, vol. 16, Parijs, Hachette, 2006.

LENTZ (Thierry), *Le congrès de Vienne : une refondation de l'Europe. 1814-1815*, Parijs, Perrin, 2013.

MORANGE (Jean), *La Déclaration des droits de l'homme et du citoyen (26 août 1789)*, Parijs, PUF, 2002.

ZORGBIBE (Charles), *Talleyrand et l'invention de la diplomatie française*, Parijs, Édition de Fallois, 2012.

AANVULLENDE BRONNEN

CASTELOT (André), *Talleyrand ou le cynisme*, Parijs, Perrin, 1980.

LAWDAY (David), *Talleyrand: le maître de Napoléon*, Parijs, Albin Michel, 2015.

"Het Napoleontische Rijk", in *Histoire universelle: La Révolution française*. Napoleon, t. 16, Parijs, Hachette, 2006.

"Het Congres van Wenen", in *Histoire universelle: La Révolution française*. Napoleon, vol. 16, Parijs, Hachette, 2006.

ORIEUX (Jean), *Talleyrand ou le sphinx incompris*, Parijs, Flammarion, 1970.

ICONOGRAFISCHE BRONNEN

Opening van de Estates General, te Versailles in de Salle des Menus Plaisirs, 5 mei 1789, schilderij van Isidore-Stanislas Helman en Charles Monet. De gereproduceerde foto wordt beschouwd als vrij van rechten.

Schilderij dat de bestorming van de Bastille voorstelt. De gereproduceerde foto wordt beschouwd als vrij van rechten.

Executie van Louis XVI, naar een Duitse gravure, 1793. De hier gereproduceerde foto zou vrij zijn van auteursrechten.

De Rite van Napoleon, schilderij van Jacques-Louis David, 1806-1807. De hier gereproduceerde foto wordt geacht vrij van rechten te zijn.

Napoleon in Egypte, schilderij van Jean-Léon Gérome, 1863. De gereproduceerde foto wordt beschouwd als vrij van rechten.

Napoleon I op de keizerlijke troon, schilderij van Jean Auguste Dominique Ingres, 1806. De gereproduceerde foto wordt beschouwd als vrij van rechten.

LITERATUUR

BOULAIN (François), *Le Diable boiteux ou les Passions de M. de Talleyrand*, 2002.

BRISVILLE (Jean-Claude), *Le Souper*, 2005.

DUCHON-DORIS (Jean-Christophe), *Le Cuisinier de Talleyrand*, 2006.

FILMS, DOCUMENTAIRES EN TV-SERIES

Le Diable boiteux, film van Sacha Guitry, met Sacha Guitry, Lana Marconi en Maurice Schutz, Frankrijk, 1948.

Les Jupons de la Révolution: Talleyrand ou les lions de la revanche, televisieserie in twee afleveringen van Vincent de Brus, met Bernard-Pierre Donnadieu, Emmanuelle Béart en Stéphane Freiss, Frankrijk, 1989.

Le Souper, film van Édouard Molinaro, met Claude Brasseur, Claude Rich en Ticky Holgado, Frankrijk, 1992.

Napoleon, televisieserie in vier afleveringen van Yves Simoneau, met Christian Clavier, Isabella Rossellini en Gérard Depardieu, Frankrijk, Canada, 2002.

Talleyrand: Le Diable boiteux, documentaire in de reeks “Secrets d’histoire” gepresenteerd door Stéphane Bern, Frankrijk, 2012.

MUSEA EN GEDENKTEKENS

Het Talleyrand Museum in het Château du Marais in Val-Saint-Germain (Frankrijk).

Het kasteel van Valençay, in Indre (Frankrijk).

Talleyrand’s graf in de Notre-Dame kapel in Valençay.

Het Saint-Florentin Hotel in Parijs.

We horen graag van u! Laat een reactie achter op jouw online bibliotheek en deel je favoriete boeken op social media!

50MINUTES.com

IMPROVE YOUR GENERAL KNOWLEDGE

IN THE BLINK OF AN EYE!

www.50minutes.com

Master ISBN: 9782808604727
Papier ISBN: 9782808605939
Wettelijk depot: D/2023/12603/20

Digitaal ontwerp: Primento,
de digitale partner van uitgevers.